Jannis kleine Dichterschule

Zügel für mein Flügelpferd

Am 18. April 2023 stellte jemand auf gutefrage.net folgende Frage:

Gedichte schreiben?
Ich würde total gerne mal Gedichte schreiben (für mich selbst) und weiß nicht genau, wie man dabei vorgehen soll. Hat jemand Tipps, wie man auf Ideen kommt oder wie Gedichte aufgebaut sind, oder spielt das keine Rolle?

Meine Antwort
Gute Gedichte schreiben sich von selbst. Es ist eine bestimmte Art der Gehirnfunktion, die bewusste Wahrnehmung der Dichte, in der Klang und Sinn verschmelzen, die dazu führt, dass sich in deinem Kopf ein Gedicht ausdrückt, das du dann nur aufschreiben musst wie ein Sekretär.

Sich nicht bemühen,
Kunst zu fassen,
sondern absichtslos
geschehen lassen,
dass der Satz,
der dein Gehirn durchfließt,
sich von selbst
durch deine Hand
aufs Blatt ergießt.

Dieses Gedicht ist aus meinem Gedichtband:
https://www.alfa-veda.com/kreis-der-augenblicke-leseprobe.pdf

Falls du den Vorgang des Dichtens besser verstehen und bei dir in Gang bringen möchtest, hier meine kleine Dichterschule in Versen.

Jannis kleine Dichterschule

Zügel für mein Flügelpferd

von Jan Müller

Ratgeber für Bewusstseinsbezogene Bildung

Alfa-Veda

Teil 1 2010 zuerst online veröffentlicht im
Forum Genialisch Zeichnen in der „Zeichenmappe Jan“
https://www.carookee.de/forum/Genialis/19

Die Gedichte aus Teil 2 wurden In Buchform zuerst veröffentlicht in
„Der Kreis der Augenblicke – Gedichte und Kurzprosa“
Alfa-Veda Verlag, Oebisfelde 2015

Teil 1 erschien in Buchform zuerst in
„Sidhapower an der Mauer – Gedichte aus historischem Anlass“
Alfa-Veda Verlag, Oebisfelde 2017

Buchgestaltung und Satz in Minion Pro: Jan Müller
Umschlagbild: Ausschnitt des Gemäldes „Pegasus und die Horen“
von Ludwig Schwanthaler im oberen Giebelfeld des
Münchner Nationaltheaters, fotografiert von D. Fuchsberger, Quelle:
https://de.wikipedia.org/wiki/Datei:Pegasus_Bayerische_Staatsoper.jpg

Druck und Bindung: Books on Demand GmbH, Norderstedt

Alfa-Veda Verlag, Oebisfelde 2023
www.alfa-veda.com
ISBN 978-3-98837-003-7

Printed in Germany

Teil 1: Die Dichterschule

Vom Flügelpferd

Zum alten Soma Pegasus
kam Janni Dummerjan
und bat: »Ob ich den Federfluss
bei dir wohl lernen kann?«

Der Alte sprach: »Schwing dich aufs Pferd,
ich werde dich geleiten
und mit dir leicht und unbeschwert
bis hoch zur Sonne reiten.«

»O je, so hoch hinaus?
Das halte ich nicht aus!«

»Sei unbesorgt, es geht ganz leicht,
die Stute kennt die Stege.
Am Anfang säumt sie sanft und seicht
nur Wald- und Wiesenwege.«

Kaum fand sich Janni Dummerjan
mehr schlecht als recht im Sattel,
schon fing das Pferd zu tanzen an
mit Dudel und Gedattel.

“Da **dîe**delim, da **dû**delum,
da **dû**del **dô**del **dei**,
da **rîe**dirim, da **rû**dirum,
da **rû**del **rô**del **rei**!”

Der Hufschlag gab den Trommelklang,
der Wind im Ohr pfiff den Gesang
es machte Spaß wie nie.
Das Pferdchen tanzte Achterbahn
und wiegte Janni Dummerjan
zu Takt und Melodie.

So zog die kleine Jannimaus
durchs weite Tor hinaus
und ritt auf seinem Sausebraus
zum Pferdestall nach Haus.

Vom Soma

Das Reiten lernen ohne Pferd
ist keinen roten Heller wert.
Doch sitzt du auf dem Luftikus –
der Römer nennt ihn Pegasus,
der Veda nennt ihn Soma-Pferd,
das er in Somaliedern ehrt, –
dann schirre ihm die Zügel an,
damit er dich beflügeln kann.

Der Soma, dieses Himmelskind,
verkleidet sich als Ross und Rind,
den Kühen gibt er Bullensaft,
dem Kalbe Milch, der Zunge Kraft,
er schnaubt als Stute, stiebt als Hengst,
wenn er dich trägt und du ihn lenkst,
dann weißt du: Dieses Flügeltier
ist Hengst und Stute, Kuh und Stier.

Der wahre Dichter reitet ihn,
denn dichter Klang entgleitet ihm.

Die kleine Reiterschule lehrt,
die Zügel für dein Flügelpferd,
das Zaumzeug für den Pegasus,
das Rüstzeug für den Somafluss,
denn Soma, wenn er aufwärts geht,
tränkt dich mit Milch und Met. verkürzte Endzeile

In frischen Soma eingeweicht
läuft deine Feder federleicht.

Wenn Soma dir die Zunge spornt,
nach oben sprudelt, überbornt,
trägt dich das Pferdchen – so es will –
zu ungeahntem (Reise)Ziel. verkürzte Endzeile

Vom Wolkenritt

Wer auf dem Luftpferd sitzt und reitet
und langsam in die Wolken gleitet,
muss sehen, dass der Vers nicht holpert,
damit sein Flügelpferd nicht stolpert.
Denn im Galopp – o jemineh –
vom Himmel (Fallen), das tut weh! verkürzte Endzeile

Wenn wir beim Höherschweben
den Klang in uns beleben
und sich die Anker lichten,
fängt's in uns an zu dichten.

Die Sprache bleibe, wie man spricht:
natürlich, klar und flüssig.
(Sobald die Zunge dir sie bricht,)
Sobald sie dir die Zunge bricht,
wirst du ihr überdrüssig.

Von der Dichte

Die Sprache gleitet zwar heraus,
doch gleiten wir hinein.
Denn Dichtung, drückt sie sich erst aus,
will immer dichter sein.

Die Dichte ist mein Reiseziel,
und weiß ich erst, wohin ich will,
da rollt auch schon die Kutsche an,
dass ich sie kaum noch halten kann.

Schon wird es vor den Augen heller,
das Pferdchen reitet schnell und schneller,
erst Schritt, dann Trab, dann Hochgalopp,
das Schwierige ist nur der Stopp.

Vom Rhythmus

Der Hufschlag klingt: Klack-**klóck** klick-**kláck**,
klack-**klóck** klick-kláck, klack-**klóck** klick-kláck,
wenn's schneller geht, macht's **trápp**-terapp,
trapp-**trápp**-terapp, trapp-**trápp**-terapp.

Auf einmal aber springt es um. Rhythmuswechsel
Um springt es? – Es springt um! – Warum?

Da hat sich doch plötzlich der Rhythmus geändert,
Galopp, wie entsetzlich, jetzt wird nicht geschlendert,
jetzt eilen die Zeilen, wir seilen uns an,
schon geht es die steileren Hügel hinan.

Wenn jetzt etwas holperte,
wenn das Pferd stolperte!
Wehe dir, wehe dir, lässt du dich gehn,
ist es um Pferdchen und Reiter geschehn.

Je mehr du dem Pferdchen die Flügelchen lässt,
je schneller es springt, – halt die Zügelchen fest.

Du brauchst sie nicht halten,
doch Regeln, die galten
im langsamen Schritte,
sie gelten auch jetzt;
dem kunstvollen Ritte
sind Regeln gesetzt.

Vom Versmaß

Die Silben sind unbetont oder betont,
im Rhythmus zu reiten, wird reichlich belohnt.

Dáktylus

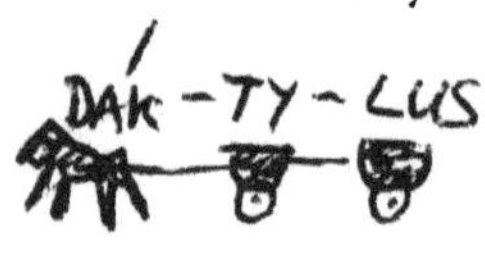

Der **Dák**tylus, **Dák**tylus, **Dák**tylus, der,
der zieht im Galopp alles hinter sich her:
da **dáng**dada, **dáng**dada, **dáng**dada, **dáng**,
ein **Laut** und zwei Leise, so lautet sein Klang.

Dáktylus, **Dák**tylus und Ana**päst**,
sattelfest reiten wir sicher und fest.

Ana**päst**

Ana**päst**, Ana**päst**,
Lokmotíve, dampfend schwér,
schiebt zwei Sílben, wenn er bläst,
leicht und léise vor sich hér.
Ana**päst**, Ana**päst**
klingt erregend wie Protest,
Ana**päst** klingt gepresst,
der Trochäus hält ihn fest.

Trochäus

Der Trochäus klingt vertraut,
unser Dampf ist abgeflaut.
Wer was zu erzählen weiß,
dér betónt eins **láut**, eins léis.
Im Trochäus wird geschickt,
mánches wéise Gárn gestríckt.

Jambus

Der **Jámbus** géht eins léis, eins láut
und klíngt uns ébenfálls vertráut.
Eins léis, eins láut geht grádeáus
Herr **Jámbus Jámb** zum **Jámbusháus**.

Vom Ausklang

Das Männliche, das endet laut, männlich
wie einer, der den Tisch zerhaut. m
Doch reimst du zärtlich, unbeschreiblich, weiblich
dann ende leise, ende weiblich. w

Mancher Mann mit festem Kinn m
hat nur Männliches im Sinn, m
und sein Tonfall bleibt betont m
bis zum Ende – wie gewohnt. m

Manches Weib will lieber schweifen, w
will nie recht zum Festen greifen, w
will nur weiblich sein auf Erden w
und am Ende leiser werden. w

Männlich ohne Wechselspiel, m
pausenlos – das taugt nicht viel. m
Wechselspiel ist unausbleiblich: w
männlich wechselt ab mit weiblich. w

Vom Reimschema

Paarreim

Die Einzelzeile ist noch nichts. a
Das Grundgeheimnis des Gedichts a
ist, dass sich Gleiches – laut Erfahrung – b
nach Gleichem sehnt: nach Zeilenpaarung. b

Kreuzreim

Hier stehe ich als Einzelzeil, a
ein Kauz von vielen Käuzen. b
Da bist du ja, mein Gegenteil, a
mit dir will ich mich kreuzen. b

Umarmung

Ach habe doch Erbarmen, a
mein Reim, du bist so fern. b
Du weißt, ich hab dich gern, b
o Reim, lass dich umarmen. a

Männlich umarmt weiblich

Fängt umarmen männlich an, m
schlingt das Feste sich um Weiches w
und drückt innen Gleich-an-Gleiches, w
wie nur Festes drücken kann. m

Weiblich umarmt männlich

Will das Weibliche umgreifen, w
fühlt sich Männliches beengt, m
oder wonneweich umdrängt ... m
Ich beginne abzuschweifen. w

Abschweifen

Wir sehen, spricht man nur von weiblich, w
bleibt auch das Schweifen unausbleiblich, w
das Abschweifen gehört dazu. m

Der Dreizeiler ist urgemütlich, w
männlich und weiblich tun sich gütlich, w
beim Schweifen finden sie zur Ruh. m

Gleitende Zeilen

Gülden und flüssig sind wundersam gleitende, ww
glatte, geschmeidige, nie widerstreitende, ww
lieblich umwerbende, lockend verleitende, ww
Wellen und Wogen und Wolken durchreitende, ww
Wonne bereitende, Sonne verbreitende, ww
doppelt ausgleitende Zeilen im Fluss. m

Also besteige dein Pferdchen, mein Mädchen. w
Mit Zügeln beflügelt gleite zum Schluss. m

Vom Stab- und Endreim

Ein Reim muss vorne oder hinten
den gleichen Klang zum Reimwort finden.

Beim STabreim STeht der STarke STab, Stabreim
der Klang am Ende wechselt ab.

Beim Endreim bleibt das Ende glEICH, Endreim
der Anfang wechselt einfaltsrEICH.

Reimt Stab und Ende sich ZUGLEICH, kein Reim
ist es kein Reim: Es ist ZU GLEICH!

Von Rein und Unrein

Reiner Reim

Der reine Reim an sich | sich
klingt klar und königlich, | lich
fügt gleiche Konsonanten, | nanten
nicht nur die nahverwandten, | wandten
fügt kurz zu kurz und lang zu lang | lang
und klingt anmutig rein im Klang. | Klang

Falscher Reim

Doch manchmal, wenn ich dichte | i
und gerne reimen möchte | ö
fällt mir der reine Reim nicht ein. | n
Es kommt mir nur ein falscher Reim, | m
der zwar von ferne ähnlich klingt, | ng
doch für das feine Ohr nicht stimmt. | m

Das Ohr fühlt sich beleidigt
aufs Tiefste und verteidigt
sein angestammtes Recht:
»O Dichter, mir wird schlecht!«

Unreiner Reim

Nun gut. Ich lenke ein und nehm | e
den gleichen Selbstlaut. Sieh, ich schäm | ä
mich nicht, zu sagen, er sei gleich. | ei
Ich reime frech und jubel euch | eu
ein Lautbild unter, das zwar neu | eu
doch leider nicht von Makel frei. | ei
Wird langes ii mir gleich zum ü – | ü
mit Witz verzeiht's die Poesü! | i

Vom Reimefinden

Was sich reimt, ist kein Geheimnis,
jedes Kind erkennt sofort:
EIMNIS? Darauf reimt nur REIMNIS,
aber »Reimnis« ist kein Wort.
Oder etwa doch? Ja REIM'N IS'
ein beliebter Kindersport!

Willst du etwas reimen?
Will der Reim nicht keimen?
Nimm die wohlbekannten
Anfangskonsonanten,
hänge deinen Reim daran
und siehe, was sich reimen kann:

Das Reime-BCD

B Bl Br/C Cl Cr/Ch Chr
D Dr/F Fl Fr
G Gl Gn Gr/H/J
K Kl Kn Kr/ L/M/N
P Pl Pn Pr/Pf Pfl Pfr
Ph Phr/Qu/R
S Sk Sl/Sp Spl Spr/St Str
Sch Schl Schm Schn Schr Schw
T Tr/V/W/X/Y/Z/Zw

Angenommen, dir fällt eine Zeile ein,
aber die zweite fehlt. -- Nach einer Weile, nein,
schon nach dem Zeilenschluss,
weil der Fluss eilen muss,
fügst du vor »...eile ein«,
»B« für die »B-eile ein«,
»Bl«-ödelst dir »Bl-eile ein«,

»Br-eile ein«, »C-eile ein«,
»Ch-eile ein«, »Chr-eile ein«,
»Cl-eile ein«, »Cr-eile ein«,
»D-eile ein«, »Dr-eile ein«,
»F«-indest die »F-eile fein«,
»G«-uck nur, der G-eile Hein
»H«-ustet dir »H-eile sein«,
»K«-lopft dir die »K-eile klein«,
»M«-eißelt den »M-eilenstein«,
»P«-eilt dir beim »P-eilen rein«,
»Pf«-effert dir »Pf-eile ein«,
»S«-ammelt dir »S-eile ein«,
»St«-olpert zum »St-eilen Hain« ...
»T«-ausende »T-eile dein«
»W«-andern in »W-eile rein«,
»Z«-iehn in die »Z-eile ein«.

Damit siehst du auch: auf -an,
reimt sich B-ann, d-ann, dr-an, J-an, k-ann,
M-ann, r-an, s-ann, sp-ann, T-ann und w-ann,
Dar-sch-an, oder Zwiege-sp-ann.

Dieses BCD ist schon
unser erstes Lexikon.
Falls ich jetzt noch weitersuch,
greife ich zum Reimebuch.

Denn ein Reim ist ja nix Dolles,
eher umgekehrt, was Olles,
keiner braucht drauf stolz zu sein.
Schau nur mal ins Buch hinein.
Dort, im Reimewörterbuch
gibt's (davon) weiß Gott genug! verkürzte Endzeile

Von der Reimverlockung

Oft sind Reime auch gefährlich,
denn sie führen an ein Ziel,
das man eigentlich – ganz ehrlich –
(anfangs) gar nicht sagen will. verkürzte Endzeile

Reime fließen, schießen, sprießen
manchmal ohne Sinn und Zweck.
Drum musst du dich stets entschließen:
Reim ich oder – lass ich's weg?

Vom Feststecken

Aber jetzt steck ich fest.
»Reim dich oder ich fress dich!«
Ein fressender Reim, wie lästig!
Er gibt meiner Muse den Rest.

Vom Reimefimmel

Himmel, Himmel,
Reimefimmel!
Komm nicht aus
dem Reimen raus.
Kann vor Dichten
nicht mehr denken
und den Sinn mitnichten
lenken.
Reim, o Graus!
Will raus!
Mach aus!

Wird das Reimen dir zuviel –
breche den Stil!

vom lauschen

freie rhythmen — freie rhythmen
kommen von innen
keine gesetze gelten
außer dem klang den du hörst.

da hilft kein zählen der silben
heben und senken
da hilft nur
hören.

lausche dem inneren klang
wann wird er laut
wann leise
wann wird es still?

wie lange
hast du zu warten
bis du beginnst
wie schnell darfst du werden?

lausche — lockere reime
lausche genauer — a
lausche genau. — b

bis dich der schauer — a
erfasst — c
bis du ein flügelpferd hast — c
das dir den zügel — d
beflügelt — d
das an den strippen dir zerrt. — e

bist du es wert? e

ziehe die zügel zurück
spule den weltenlauf ein f
bis du den pferdeknauf hast c
hole dein pferdchen herein f
werde schauer a
und schau. b

dieses gilt
für festere rhythmen
noch mehr.

freie rhythmen mit reim

freie rhythmen a
können auch reimen b
wenn sie so keimen b
in dir. c

wenn es das thema so will d
führt dich auch diese manier c
willst du dich kunstvoll ihr widmen a
sicher ans ziel. d

hüte dich aber
im freien vor
manieriert-
heit. maniriert

vom manirierten

einen ganz norm-
alen satz
möglichst abge-
ha-
ck-
t
ohne a-
temf-
luss
– wehe wenn er reimt! –
nied-
ersch-
reiben
macht das den mensch zum
zeitgem-
äßen
lyr-
ik-
er?

von der form

peinlich
genau darauf achten dass die
form
ohne die es nicht möglich ist
sinn
in worte zu gießen
nicht
als gegossene form
je
in erscheinung tritt …

vom bemühen

wer sich bemüht
den sinn
verstand
grammatik
form
so weit es geht zu meiden
muss damit rechnen
dass der leser
ihn versteht.

Vom Mühelosen

Sich nicht bemühen,
Kunst zu fassen,
sondern absichtslos
geschehen lassen,
dass der Satz,
der dein Gehirn durchfließt,
sich von selbst
durch deine Hand
aufs Blatt ergießt.

Vom Feilen

Steigst du vom Pferd
und schaust zurück
und denkst, die Hufspur sei es wert,
dass man sie lese, welches Glück,
dann lies sie laut, wie sie sich liest,
ob Reim und Rhythmus richtig fließt.

Tu so, als wärest du ein böser
prosaisch stoffeliger Leser.

»Hier ist doch glatt ein Wort zuviel.
Der Vers ist viel zu lang, ich will,
dass alles seine Ordnung hat.
Es holpert ja! Ich will es glatt ...«

Der Leser stellt sich quer und krumm,
er mäkelt, nörgelt, streicht herum,
und der Poet muss ihm stets neu
was bieten, was gefällig sei.

Wenn's dich als Leser voll entzückt,
ist dir dein Werk geglückt. verkürzte Endzeile

Teil 2: Vom Dichten

Von der Lücke

Die Lücke zwischen Worten
spannt
die Brücke zu den Orten,
wo Stille spricht.

Wo sich die Fülle bricht,
wird Klang erkannt.

Im tiefen Meer der Stille
birgt sich des Klanges Fülle
im Ebenmaß.

Wer lauschen kann und schweigen,
dem zeiget sich der Reigen,
den er vergaß.

Dem spannet sich die Brücke
im Summen dieser Lücke
von Wort zu Wort.

So taste denn und singe
die Inseln ab und springe
von Ort zu Ort.

Denn aus dem Urgedächtnis
spinnt ewiges Vermächtnis
sich fort und fort.

Von der Sprache der Natur

Die Sprache der Natur
ist eine runde Spur
aus meinem Munde,
mit der ich meine eigene Natur bekunde,
dass ich das Wunder- und das Sonderbare bin.
Das bare Wunder bin ich eh,
und merk ich es, beginn und steh
ich auf und sinne sonderbar:
i s c h b i n u n w a r u n s i n n .
Ich bin und war und sinn.
Ich bin unwahr und sinn.
Ich bin und war Unsinn.
Ich spinn nun wahren Sinn.
Ich spinn! Nun war uns Sinn.

Vom Weltgedächtnis

Im Weltgedächtnis
liegt das Vermächtnis,
das wir erwittern,
bis wir erzittern
vor heiligem Schauer,
denn das auf Dauer
Eingeprägte,
in uns Gelegte
hält uns gesund.

Es ist rund.
Wir brauchen nur lesen,
was einst gewesen,
und wissen sogleich,
was hier im Reich
für herrliche Stürme
und Elfenbeintürme
aufgebaut.

Urvertraut
ist sein Klang,
denn der Drang
der Zeilen,
sich zu ereilen,
hat seinen Grund.

Es ereilen
sich diese Zeilen
durch seinen Mund.

Vom Übermut

Dichten ist ein Übermut,
denn es tut mir gar zu gut:
Einfach alles fließen lassen.
gießen, wachsen, sprießen lassen,
einfach alles keimen lassen,
gären, gurgeln, Reime fassen …
Goethe, ich versteh dich gut:
Dichten ist ein Übermut!

Vom Kitzel

Der Kitzel bei der Schreiberei
liegt in der Federreiberei.

Jeden Kiel führt eine Hand,
jede Hand ein Köpfchen.
Und das Köpfchen taucht galant,
jeden Kiel ins Töpfchen.

Kiel saugt sich im Töpfchen voll,
reibt sich wieder frei,
kitzelt das Papier ganz toll,
bis der Fluss vorbei.

Wollte nur den Kitzel zeigen,
den du, wenn die Feder tanzt,
ohne diesen Federreigen
kaum verkraften kannst.

Vom Federhalter

Federhalter von Beruf,
fühle mich berufen.
Eingestellt auf Widerruf
nach Verjüngungsstufen.

Anfangs hielt ich steif und feste
meine schwere Feder,
denn ich wollte nur das Beste,
aber das will jeder.

Langsam aber ließ ich locker,
aus dem Handgelenk,
und nun fall ich selbst vom Hocker
über das Geschenk

aus dem Händchen, das mich hält,
mich im Tanze wirbelt
und die Feder zwirbelt,
wie es ihr gefällt.

Vom Federtanz

Federchen, was steht geschrieben
auf dem blanken Blatt Papier?
Was steht hier und was steht hier?
Fein getanzt, ich danke dir.

Aber Pferdchen, was ist das?
Flügelchen, wo bleibt das Nass,
das dir Farbe gibt und Kraft?
Mädchen sag, wo bleibt der Saft?

Federchen nagt steif und stumm
an dem kahlen Blatt herum.
Komm, wir tanzen wieder fein,
tauchen tief in Tunke ein.

Hei, wie glatt der Federtanz
wieder gleitet voller Glanz
und wie jugendlich beschwingt
meine Tusche singt.

Von der Poesie

Die Poesie,
das satte Weib,
wie frohe sie
am Blatte reibt,
wie hohe sie
im matten Leib
den rohen Trieb
zum Sieden treibt.

Von den Perlen

Perlen aus deinem Mund,
die du erschaust,
tue sie keinem kund,
dem du nicht traust.

Dränge sie keinem auf,
der sie nicht greift.
Ebne ihm seinen Lauf,
wenn er gereift.

Siehe, sie finden
selber ihr Ziel,
können nur künden
dem, der es will.

Von der Quelle

Die schöpferische Quelle,
das ist das Loch, das helle,
das wir in uns entdecken,
wenn wir tief in uns stecken.

Aus dieser Quelle quillt
das schöpferische Bild,
das wir nach oben bringen,
von dem wir Lieder singen.

Der Quell ist unerschöpflich,
wir brauchen nichts zu tun.
Es wird schon etwas tröpfelich,
sobald wir etwas ruhn.

Es sprudelt quasi springquellgleich
aus diesem hellen Teich.
Die Welt wird heil und hell
durch diesen Sprudelquell.

Vom Schaffensdrang

Der Schaffensdrang wallt auf und ab,
wallt manchmal schlimm und manchmal schlapp.
Wir mischen uns – o nein! –
in diesen Schwall nicht ein.

Wir lassen es geschehen,
und was geschieht, das sehen
wir uns nachher mit Brille an,
wenn unser Wille walten kann.

Doch was ist unser Wille?
Ist es das Bild, das stille,
das noch verklärt im Keime weilt,
wenn schon der Reim zum Reime eilt?

Ist es das Wort, das feste,
von dem die letzten Reste
erst schwinden, wenn wir staunend sehn,
wie Wörter immer neu erstehn?

Aus schöpferischer Stille
erquillt des Schöpfers Wille
als stiller Klang und hüllt
sich selbst in Wort und Bild.

Vom Schweigen

Aus witterndem Schweigen
erzittert der Reigen
in zeitloser Reihe
als Klang in der Seihe.

Aus dem Schweigen steigt der Reigen
und der Wille tiefer Stille
offenbart sich in der Hülle
als erwünschte Klangesfülle.

Aus dem Schweigen steigt der Reigen
tiefer Stille zu mir auf,
durch die Hülle dringt die Fülle
und beschreibt den Weltenlauf.

Aus dem Schweigen steigt der Reigen
gießt die Fülle tiefer Stille,
sich dem Neigenden zu zeigen,
in geprägte Klangeshülle.

Von den Silben

Silben rieseln silber nieder,
singen weichen Harfenklang.
Frühlingsgrüne Winterlieder,
Schnee verweht den Urgesang.

Vom Ineinanderfügen

Wenn sich die Silben wieder lieben,
sich dicht an dicht und gleich an gleich
vertraulich ineinanderfügen,
fühlt sich die Sprache warm und weich.

Vom Lautemeer

Es liegt ein Lied im Lautemeer,
wer umrührt, kann es hören.
Sein Name gibt den Samen her,
wir brauchen nur zu rühren.

Von der Stille

Aus der Stille
entsteht die Welt,
und sie zerfällt
in Stille,
wenn zu allen Klängen,
die dich umdrängen,
der Gegenklang
in dir erklingt,
und dich der Wesen Gesang
in gerundeter Fülle
allseits beschwingt.

Von der Fülle

Ich bin der Klang,
der dich durchdringt,
der Urgesang,
der in dir schwingt,
der aus dir singt
im Schaffensdrang
und dir den Hang
zum Schaffen bringt.

Ich bin die Glut,
die dich durchglüht
und dir das Blut
zum Herzen zieht.

Ich bin die Liebe,
die dich drängt
und dir den Trieb
zur Einheit schenkt.

Ich bin der Hauch
der dich belebt,
der dir im Bauche
pocht und bebt
und deinen Staub
nach oben hebt.

In tiefer Stille
hörst du mich,
als Wunsch und Wille
führ ich dich,
in deiner Hülle
spürst du mich:
Die Fülle,
das bin Ich.

Vom Brennen

Mein Körper brennt,
er fällt wie Asche nieder,
und aus der Asche steigt der Klang.

Aus Asche steigt,
aus Asche fallen Lieder,
verschmelzen mit dem flammenen Gesang,

der uns ergreift,
der uns in alle Winde,
in alle Berge, alle Täler weht.

Mein Mantel streift
die krosse Weltenrinde,
die sich am Außenrand des Rades dreht,

das mir nun zeigt,
worin ich alles finde,
was sich als Wissen in die Werke sät,

und den benennt,
von dem ich immer künde,
der mich entzündet hat, der nie vergeht.

Von der Läuterglut

Ich lösche meine Lieder,
verbrenne sie zuhauf,
löse sie immer wieder
in Rauch und Asche auf.

Ich werfe sie zusammen
und einzeln in die Glut.
Ihr Krümmen in den Flammen
tut meiner Seele gut.

In meinem Läuterwahne
verbrenne ich Romane
samt Held und Flammentod.

Ich sehe einfach rot
und fühle mich nicht eher frei,
bis aller Lärm vorbei,
der im Papiere steckt,
das ich befleckt.

Erst, wenn die Glut gestillt,
die vorher wild,
erst, wenn die Asche still,
bin ich am Ziel.

So werden sie zu Erde.
Aus Erde kamen sie.
Selbst wenn ich traurig werde:
Das Gute schwindet nie.

Nach Jahren, nach Jahrzehnten
steht's unverändert da,
und mich beleben wieder
dieselben alten Lieder,
die längst zerstört gewähnten,
ich höre sie so nah,
so innig und auswendig,
wie ich sie einst gehört.

Was innerlich lebendig,
wird nie durch Tod zerstört.

Noch schöner: Selbst die schlechten
Gedichte steigen auch
geläutert wie die echten
aus Asche, Glut und Rauch.

Gerade sie gewinnen
durch jedes Neubeginnen,
und darum tut
die Läuterglut
so gut. verkürzte Endzeile

Von der Stimme

Meine Stimme ist verschwunden,
tief im Kieselsand versiegt,
will am Meeresgrund gesunden,
wo das alte Schweigen liegt.

Aus dem Schweigen steigt der Reigen
und ich höre alte Lieder
und die Chöre hallen wieder
durch dasselbe Klanggewölbe,
wo sich in mir, festgefügt,
ewig jung das Rauschen wiegt.

Diesem Rauschen will ich lauschen.
Würd ich sprechen, wehe, alle
Klangkristalle würden brechen.
Darum lädt mich dieser Ort
ein zu schweigen fort und fort.

Meine Stimme ist verloren,
in der Meeresglut verbrannt.
Einstens steigt sie neugeboren
aus dem Sand. verkürzte Endzeile

Von der Ernte

Herbst, es fallen Gedichte,
dem Reifen ist Faulen nah.

Die süßesten, mildesten Früchte
fallen dir, wenn du schon – ja,
mit einem Fuße im Grabe
und doch noch von dieser Welt –
kündest, wes tragische Gabe
deine Weisheit erzählt.

Du fühlst am Gipfel des Werdens
in dir, überall,
im Glücke höchsten Gebärens
milden Zerfall.

Von den Liedern

Tief in Dir schillert versunken
eine Welt aus Licht und Klang.
Hat sie Dir ahnend gewunken
voller Gesang?

Wenn Du meine Lieder hörst,
fühlst Du Dich mit mir verwandt,
weil Du in Dir selber spürst,
dieser Klang ist dir bekannt?

Scheinen Dir meine Weisen vertraut,
weil sie wachsen in Dir,
summen, sich drehen, leise, laut?

Es sind die Lieder, die wir
allesamt, so wie wir sind,
tief im Innern tragen.

Wenn Du frisch bist wie ein Kind,
weißt Du, sie zu sagen.

Und Du sprichst die Lieder aus,
die in jedem summen.

Und du spürst: Ich bin nach Haus,
bin nach Haus gekummen.

Vom Augenblick

Der Augenblick,
da sich die Stille bricht,
da Stille hörbar wird
und scheinbar spricht,

der Augenblick,
da Schweigen sich verliert
und aus dem Muttermund
den Klang gebiert,

da Stille singt,
in Schwingungen vibriert,
da Stein erklingt,
das weiße Kleid verziert,

da wir uns vorstellen,
den Klang zu hören,
die Klangeskuppeln
aus Juwelenchören,

das ist der Augenblick,
da Du und ich
zusammen singen,
klingen, ewiglich.

Von der Sprache

Ich möchte gerne mehr von dem,
was in Dir steckt, erfahren
und Dir, was in mir selber steckt,
noch tiefer offenbaren.

Die Sprache ist das Flügelpferd,
auf dem Bewusstsein reitet,
auf dem die Seele, die verehrt,
zur andren Seele gleitet.

Und ist sie bei ihr angelangt,
schlüpft sie sofort hinein.
Zwei Seelen ineinander,
was könnte schöner sein.

Von der Brücke

Die Brücke der Worte
spannt sich von hier
in deutlich strahlendem Bogen
über die Orte
bis zu Dir,
und zurückgeflogen
kommt aus Deinem Herz zu mir
über diese Brücke
eine Wärme, die mich fängt,
sich um meine Schultern drängt
und im Glücke liebend meine Zunge lenkt.

Schon spüre ich, wie Deines Herzens Beben
mich füttert und aus meinem Munde spricht,
das Band von Dir zu mir füllt mich mit Leben,
dass mir die rauhe, harte Borke bricht.

Vom Luftpferd

Auf meinem Luftpferd bin ich geritten,
auf meinem kleinen Klingelklang,
habe die Welten singend durchschritten,
stillte so meinen Wissensdrang.

Vom Nichts

Ich weiß von Nichts,
es tut sich kund.
Von selber spricht's
aus meinem Mund.

Hat die Natur
auch mich erwählt,
sieh, wie sie nur
von sich erzählt.

Im wirren Weh des Denkens
erstrahlt ein neuer Ton.
Die Stille des Versenkens
zahlt ihren Finderlohn.

Inhalt

Jan Müller:
Der Kreis der Augenblicke
Gedichte und Kurzprosa

Alfa-Veda-Verlag

Jan Müller:
Sidhapower an der Mauer
Gedichte aus historischem Anlass

Leseproben und Bestellung auf alfa-veda.com